Also by Donald Revell

Collections of Poetry

A Thief of Strings, Alice James Books, 2007
Pennyweight Windows: New & Selected Poems,
Alice James Books, 2005
My Mojave, Alice James Books, 2003
Arcady, Wesleyan University Press, 2002
There Are Three, Wesleyan University Press, 1998
Beautiful Shirt, Wesleyan University Press, 1994
Erasures, Wesleyan University Press, 1992
New Dark Ages, Wesleyan University Press, 1990
The Gaza of Winter, University of Georgia Press, 1988
From the Abandoned Cities, Harper & Row, 1983

Prose

The Art of Attention: A Poet's Eye, Graywolf Press, 2007
Invisible Green: Selected Prose, Omnidawn Publishing, 2005

Translations

A Season in Hell, by Arthur Rimbaud, Omnidawn Publishing, 2007
The Self-Dismembered Man: Selected Later Poems of
Guillaume Apollinaire, Wesleyan University Press, 2004
Alcools: Poems of Guillaume Apollinaire, Wesleyan University Press, 1995

The Illuminations

The Illuminations

by

Arthur Rimbaud

Translated by
Donald Revell

OMNIDAWN
RICHMOND, CALIFORNIA
2009

Cover Art by Joan Mitchell
Hudson River Dayline, 1955
Oil on canvas, 79 x 83 inches (200.7 x 210.8 cm)
Collection of the McNay Art Museum, San Antonio, Texas
Museum purchase with funds from the Tobin Foundation
All works by Joan Mitchell © The Estate of Joan Mitchell

Book cover and interior design by Ken Keegan

Offset printed in the United States on archival, acid-free recycled paper
by Thomson-Shore, Inc., Dexter, Michigan

Omnidawn Publishing is committed to preserving ancient
forests and natural resources. We elected to print this title on
30% postconsumer recycled paper, processed chlorine-free. As
a result, for this printing, we have saved:

3 Trees (40' tall and 6-8" diameter)
1,224 Gallons of Wastewater
2 million BTUs of Total Energy
143 Pounds of Solid Waste
271 Pounds of Greenhouse Gases

Omnidawn Publishing made this paper choice because our
printer, Thomson-Shore, Inc., is a member of Green Press
Initiative, a nonprofit program dedicated to supporting authors,
publishers, and suppliers in their efforts to reduce their use of
fiber obtained from endangered forests.

For more information, visit www.greenpressinitiative.org

Environmental impact estimates were made using the Environmental Defense
Paper Calculator. For more information visit: www.edf.org/papercalculator

Library of Congress Catalog-in-Publication Data

Rimbaud, Arthur, 1854–1891.
    [Illuminations. English & French]
    The illuminations / by Arthur Rimbaud ; translated by Donald Revell. -- 1st American pbk. ed.
        p. cm.
    With French on the verso pages and English on the recto pages.
    Includes bibliographical references and index.
    ISBN 978-1-890650-36-0 (pbk. : alk. paper)
    I. Revell, Donald, 1954–   II. Title.
    PQ2387.R5I413 2009
    841'.8--dc22

                                                                        2009015569

Published by Omnidawn Publishing, Richmond, California
            www.omnidawn.com   (510) 237-5472

            10 9 8 7 6 5 4 3 2 1

            ISBN: 978-1-890650-36-0

Acknowledgements

Some of these translations first appeared in *Eleven Eleven,*
whose editors we thank for their faith and support.

for Marjorie Perloff

Table of Contents

LES ILLUMINATIONS

Arthur Rimbaud

THE ILLUMINATIONS

Arthur Rimbaud

Après le déluge

Aussitôt après que l'idée du Déluge se fut rassise, un lièvre s'arrêta dans les sainfoins et les clochettes mouvantes, et dit sa prière à l'arc-en-ciel à travers la toile de l'araignée.

Oh! les pierres précieuses qui se cachaient,—les fleurs qui regardaient déjà.

Dans la grande rue sale les étals se dressèrent, et l'on tira les barques vers la mer étagée là-haut comme sur les gravures.

Le sang coula, chez Barbe-Bleue,—aux abattoirs,—dans les cirques, où le sceau de Dieu blêmit les fenêtres. Le sang et le lait coulèrent.

Les castors bâtirent. Les "mazagrans" fumèrent dans les estaminets.

Dans la grande maison de vitres encore ruisselante, les enfants en deuil regardèrent les merveilleuses images.

Une porte claqua, et, sur la place du hameau, l'enfant tourna ses bras, compris des girouettes et des coqs des clochers de partout, sous l'éclatante giboulée.

Madame*** établit un piano dans les Alpes. La messe et les premières communions se célébrèrent aux cent mille autels de la cathédrale.

Les caravanes partirent. Et le Splendide-Hôtel fut bâti dans le chaos de glaces et de nuit du pôle.

Depuis lors, la Lune entendit les chacals piaulant par les déserts de thym—et les églogues en sabots grognant dans le verger. Puis, dans la futaie violette, bourgeonnante, Eucharis me dit que c'était le printemps.

Sourds, étang;—Écume, roule sur le pont et par-dessus les bois;—draps noirs et orgues,—éclairs et tonnerre,—montez et roulez;—Eaux et tristesses, montez et relevez les Déluges.

Car depuis qu'ils se sont dissipés,—oh! les pierres précieuses s'enfouissant, et les fleurs ouvertes!—c'est un ennui! et la Reine, la Sorcière qui allume sa braise dans le pot de terre, ne voudra jamais nous raconter ce qu'elle sait, et que nous ignorons.

After the Flood

As soon as the mind of the Flood grew calm, a hare paused in the shivering bellflowers in holy clover, and he said his prayer to the rainbow through a spider's web.

Oh! The gemstones gone into hiding, —the flowers already up and alert.

On the filthy main drag the butchers were already back in business, and picturesque men hauled barges in tall stacks to the sea.

Blood flowed, at Bluebeard's, —in slaughterhouses, —in the circuses, where God's imprimatur bleached the windows white. Blood flowed and milk flowed.

Beavers built. Coffee steamed in the grubby cafes.

In the drowned house of enormous streaming windows, mourning children marveled at strange reflections.

A door slammed, and, in the village square, a child fanned the air with his arms, well understood by weather vanes and steeple-cocks everywhere under the sparkling sun shower.

Madame *** set up a piano in the Alps. Mass and first communions were celebrated at the hundred thousand altars of the cathedral.

Caravans departed. And the Hotel Splendide arose from a chaos of ice and polar night.

Ever since, the Moon's heard jackals howling in wilds of thyme— and clod-hopper eclogues grunting in the orchard. Then, in the violet budding forest, Eucharis let me know that it was spring.

Pond, overflow; —Foam, roil above the bridge and over the woodlands; —black palls and organs, —lightning and thunder, —arise and roll; —Waters and sorrows, arise and loose the Floods again.

Ever since they've gone away, —oh! The gemstones gone into hiding, and the flowers wide open all day! —it's boring! And the Queen, the Sorceress who kindles her coals in a clay pot, will never consent to tell us what she knows, and what we don't.

Enfance

I

Cette idole, yeux noirs et crin jaune, sans parents ni cour, plus noble
que la fable, mexicaine et flamande: son domaine, azur et verdure
insolents, court sur des plages nommées par des vagues sans vaisseaux
de noms férocement grecs, slaves, celtiques.

À la lisière de la forêt—les fleurs de rêve tintent, éclatent,
éclairent,—la fille à lèvre d'orange, les genoux croisés dans le clair
déluge qui sourd des prés, nudité qu'ombrent, traversent et habillent les
arcs-en-ciel, la flore, la mer.

Dames qui tournoient sur les terrasses voisines de la mer; enfantes
et géantes, superbes noires dans la mousse vert-de-gris, bijoux debout
sur le sol gras des bosquets et des jardinets dégelés,—jeunes mères et
grandes sœurs aux regards pleins de pèlerinages, sultanes, princesses de
démarche et de costume tyranniques, petites étrangères et personnes
doucement malheureuses.

Quel ennui, l'heure du "cher corps" et "cher cœur!"

II

C'est elle, la petite morte, derrière les rosiers.—La jeune maman
trépassée descend le perron.—La calèche du cousin crie sur le
sable.—Le petit frère—(il est aux Indes!) là, devant le couchant, sur le
pré d'œillets.—Les vieux qu'on a enterrés tout droits dans le rempart
aux giroflées.

L'essaim des feuilles d'or entoure la maison du général. Ils sont
dans le midi.—On suit la route rouge pour arriver à l'auberge vide.
Le château est à vendre; les persiennes sont détachées.—Le curé aura
emporté la clef de l'église.—Autour du parc, les loges des gardes sont
inhabitées. Les palissades sont si hautes qu'on ne voit que les cimes
bruissantes. D'ailleurs, il n'y a rien à voir là-dedans.

Les prés remontent aux hameaux sans coqs, sans enclumes. L'écluse
est levée. Ô les calvaires et les moulins du désert, les îles et les meules.

Childhood

I

That very idol, black-eyed and yellow-maned, orphaned, with no courtiers, nobler all the same than any Mexican legend or Flemish fable: his domain, insolent azure and insolent greenness, stretches to shorelines christened by shipless waves and given fierce names—Greek names, Celtic names, and Slavic ones.

At the lily-white edge of the forest—dream flowers jingling, sparkling, shining their lights,—the girl with orange lips, knees crossed in the clear flood rising from the meadows, a nakedness crisscrossed and clothed by rainbows, sea-shade and petals.

Ladies strolling along terraces near the ocean; little girls and giantesses, superb negresses in the painted foliage, jewels upright on the rich soil of groves and of little gardens in the thaw,—young mothers and big sisters with distant gazes full of pilgrimages, sultanas, cruel princesses, little foreign girls, and people suffering in silence.

The tedium of "dear body" and "dear heart!"

II

That's her, the little dead girl, there behind the roses.—Her young mother, also dead, is coming down the stairs.—The cousin's four-wheeled carriage crunches the sand.—The little brother—(he's in the Indies!) there, against the sunset, in a meadow of marigolds.—The old men buried upright in the city walls, walls covered with gillyflowers.

A swarm of golden leaves surrounds the general's house. The family's gone south.—You follow the red road to reach the abandoned inn. The castle's for sale; its shutters hang loose from their hinges.—The parish priest ran off with the church keys.—Around the park, the keepers' cottages stand empty. The fences are so high you can't see anything but treetops. Never mind. There's nothing else to see.

The meadows rise again over villages without steeple-cocks, without anvils. The floodgates are open. O the Golgothas and windmills of the wild wood, the islands and millstones.

19

Des fleurs magiques bourdonnaient. Les talus le berçaient. Des bêtes d'une élégance fabuleuse circulaient. Les nuées s'amassaient sur la haute mer faite d'une éternité de chaudes larmes.

III

Au bois, il y a un oiseau, son chant vous arrête et vous fait rougir.
Il y a une horloge qui ne sonne pas.
Il y a une fondrière avec un nid de bêtes blanches.
Il y a une cathédrale qui descend et un lac qui monte.
Il y a une petite voiture abandonnée dans le taillis, ou qui descend le sentier en courant, enrubannée.
Il y a une troupe de petits comédiens en costumes, aperçus sur la route à travers la lisière du bois.
Il y a enfin, quand l'on a faim et soif, quelqu'un qui vous chasse.

IV

Je suis le saint, en prière sur la terrasse, — comme les bêtes pacifiques paissent jusqu'à la mer de Palestine.
Je suis le savant au fauteuil sombre. Les branches et la pluie se jettent à la croisée de la bibliothèque.
Je suis le piéton de la grand'route par les bois nains; la rumeur des écluses couvre mes pas. Je vois longtemps la mélancolique lessive d'or du couchant.
Je serais bien l'enfant abandonné sur la jetée partie à la haute mer, le petit valet suivant l'allée dont le front touche le ciel.
Les sentiers sont âpres. Les monticules se couvrent de genêts. L'air est immobile. Que les oiseaux et les sources sont loin! Ce ne peut être que la fin du monde, en avançant.

Magical flowers droned. The hillsides cradled him. With incomparable elegance, animals moved all around him. Storm clouds gathered out over the ocean, and they were filled with eternity and hot tears.

III

There's a songbird in the woods, and his singing stops you dead in your tracks and makes you blush.

There's a clock that never strikes.

There's a bog with a nest of white animals in it.

There's a cathedral coming down and a lake arising.

There's a little horse-cart abandoned in the thicket, or maybe it's covered with ribbons and racing down the path.

There's a company of actors in costume, all children; you can see them from the road through the edge of the woods.

And finally, there's someone who chases you away when you're hungry and thirsty.

IV

I am the saint at prayer on the terrace,—and the peaceful beasts are at prayer, even as they graze by the sea of Palestine.

I am the scholar in a dark armchair. Black branches and rain beat against the library windows.

I am the pedestrian walking a highway of dwarf pines; the noise of the sluices muffles my steps. I stare for a long time into the melancholy golden wash of sunset.

I could very well be the child abandoned on the long pier and washed away to sea, the farm-lad following a sunken lane to heaven.

The paths are rough. The uplands are covered in yellow broom. No breeze. The birds and the cool springs are so far away! Where I'm going, it can only be the end of the world.

V

Qu'on me loue enfin ce tombeau, blanchi à la chaux avec les lignes du ciment en relief,—très loin sous terre.

Je m'accoude à la table, la lampe éclaire très vivement ces journaux que je suis idiot de relire, ces livres sans intérêt.

À une distance énorme au-dessus de mon salon souterrain, les maisons s'implantent, les brumes s'assemblent. La boue est rouge ou noire. Ville monstrueuse, nuit sans fin!

Moins haut, sont des égouts. Aux côtés, rien que l'épaisseur du globe. Peut-être des gouffres d'azur, des puits de feu. C'est peut-être sur ces plans que se rencontrent lunes et comètes, mers et fables.

Aux heures d'amertume je m'imagine des boules de saphir, de métal. Je suis maître du silence. Pourquoi une apparence de soupirail blêmirait-elle au coin de la voûte?

V

Rent me a whitewashed tomb with cement decorations in bold relief,—let it be deep underground.

I lean my elbows on the table; the oil lamp shines too brightly on these dull books and on newspapers I'm an idiot to keep.

Enormously far above my subterranean salon, fogs gather and houses grow roots. The mud is red or black. Hideous city, endless night!

Not quite so far above me—the sewers. Beside me, nothing but the thickness of the globe. Maybe chasms of azure, pits of fire. Maybe it's here that moons and comets, oceans and fables intertwine.

In bitter hours, I imagine balls of sapphire and metal. I am master of the silence. Why should the appearance of a breathing-hole grow pale in the corner of the ceiling?

Conte

Un Prince était vexé de ne s'être employé jamais qu'à la perfection des générosités vulgaires. Il prévoyait d'étonnantes révolutions de l'amour, et soupçonnait ses femmes de pouvoir mieux que cette complaisance agrémentée de ciel et de luxe. Il voulait voir la vérité, l'heure du désir et de la satisfaction essentiels. Que ce fût ou non une aberration de piété, il voulut. Il possédait au moins un assez large pouvoir humain.

Toutes les femmes qui l'avaient connu furent assassinées. Quel saccage du jardin de la beauté! Sous le sabre, elles le bénirent. Il n'en commanda point de nouvelles.—Les femmes réapparurent.

Il tua tous ceux qui le suivaient, après la chasse ou les libations.—Tous le suivaient.

Il s'amusa à égorger les bêtes de luxe. Il fit flamber les palais. Il se ruait sur les gens et les taillait en pièces.—La foule, les toits d'or, les belles bêtes existaient encore.

Peut-on s'extasier dans la destruction, se rajeunir par la cruauté! Le peuple ne murmura pas. Personne n'offrit le concours de ses vues.

Un soir il galopait fièrement. Un Génie apparut, d'une beauté ineffable, inavouable même. De sa physionomie et de son maintien ressortait la promesse d'un amour multiple et complexe! d'un bonheur indicible, insupportable même! Le Prince et le Génie s'anéantirent probablement dans la santé essentielle. Comment n'auraient-ils pas pu en mourir? Ensemble donc ils moururent.

Mais ce Prince décéda, dans son palais, à un âge ordinaire. Le Prince était le Génie. Le Génie était le Prince.

La musique savante manque à notre désir.

Tale

A Prince was vexed at never having busied himself with anything but the improvement of crude generosities. He'd foreseen astonishing revolutions in lovemaking and suspected his wives capable of something much better than the compliance urged upon them by heaven and his money. He demanded to see the truth, an hour of quintessential desire and satiety. Never mind if it was a perversion of piety, he demanded it. You must remember, he was a potentate.

All the women he slept with were assassinated. What a mess in the garden of earthly delights! Even under the sword, they blessed him. But he never demanded new women. The old ones simply reappeared.

Hunting or drinking, if you joined him, he killed you. And everyone joined him.

For fun, he would cut the throats of zoo animals. He set fire to palaces. He threw himself upon his subjects and hacked them to pieces.—The mob, the golden domes, the zoo animals all survived.

Is there ecstasy in destruction, rejuvenation in cruelty? For their part, the people never complained. No one resisted.

One evening, the Prince was galloping proudly. A Genie appeared, a spirit of shameless and ineffable beauty. His features and his bearing radiated a promise of New Love, supernumerous and complex! New Happiness inexpressible, perhaps even unbearable! In all likelihood, the Prince and the Genie annihilated one another in essential health. Such health, is it not always fatal? Together, then, they died.

But this Prince died in his palace, at a ripe age. The Prince was the Genie. The Genie was the Prince.

The cleverest music falls short of our desires.

Parade

Des drôles très solides. Plusieurs ont exploité vos mondes. Sans besoins, et peu pressés de mettre en œuvre leurs brillantes facultés et leur expérience de vos consciences. Quels hommes mûrs! Des yeux hébétés à la façon de la nuit d'été, rouges et noirs, tricolores, d'acier piqué d'étoiles d'or; des faciès déformés, plombés, blêmis, incendiés; des enrouements folâtres! La démarche cruelle des oripeaux!—Il y a quelques jeunes,—comment regarderaient-ils Chérubin?—pourvus de voix effrayantes et de quelques ressources dangereuses. On les envoie prendre du dos en ville, affublés d'un *luxe* dégoûtant.

Ô le plus violent Paradis de la grimace enragée! Pas de comparaison avec vos Fakirs et les autres bouffonneries scéniques. Dans des costumes improvisés avec le goût du mauvais rêve ils jouent des complaintes, des tragédies de malandrins et de demi-dieux spirituels comme l'histoire ou les religions ne l'ont jamais été. Chinois, Hottentots, bohémiens, niais, hyènes, Molochs, vieilles démences, démons sinistres, ils mêlent les tours populaires, maternels, avec les poses et les tendresses bestiales. Ils interpréteraient des pièces nouvelles et des chansons "bonnes filles." Maîtres jongleurs, ils transforment le lieu et les personnes et usent de la comédie magnétique. Les yeux flambent, le sang chante, les os s'élargissent, les larmes et des filets rouges ruissellent. Leur raillerie ou leur terreur dure une minute, ou des mois entiers.

J'ai seul la clef de cette parade sauvage.

Circus Parade

Sturdy rogues. More than a few of them have fooled you. They need nothing, and nothing's forcing them to work or to exploit their perfect knowledge of your souls. Ripe men! Bleary-eyed as a drunken summer night, red and black, tricolored, cold steel pierced with golden stars; their features all deformed, leaden, ashen, burnt; shouting themselves hoarse! flashing their rags! —A few of them are young, —how would they seem, do you think, with their awful voices and stilettos, to a Parisian crowd? And so here they are, strutting into *our* town.

Vicious Paradise of the outraged grimace! No comparison at all with your Fakirs and theatrical buffooneries. In garish costumes out of some bad dream, they change the old songs—love ballads and outlaw songs—into weird hymns Religion and History would never recognize. Chinese, Hottentots, bohemians, halfwits, hyenas, Molochs, old insanities, sinister demons, everything's thrown together with mother-love and a bestial caress. They perform new plays and sing about heartbreak. Wonderful jugglers, they transform the streets and everybody in them. It's hypnotic. Eyes blaze, blood sings, bones swell, tears and blood-red rivulets flow. Their mayhem and terror last only a moment, or else go on for months.

I alone hold the key to this savage parade.

Antique

Gracieux fils de Pan! Autour de ton front couronné de fleurettes et de baies tes yeux, des boules précieuses, remuent. Tachées de lies brunes, tes joues se creusent. Tes crocs luisent. Ta poitrine ressemble à une cithare, des tintements circulent dans tes bras blonds. Ton cœur bat dans ce ventre où dort le double sexe. Promène-toi, la nuit, en mouvant doucement cette cuisse, cette seconde cuisse et cette jambe de gauche.

Antique

Gracious son of Pan! All around your flower-and-berry-crowned brow, your eyes, those peerless, glittering planets, stray. Stained with dregs, your cheeks grow hollow. Your fangs gleam. Your breast is curved into a lyre, a chiming rings along the blond hair on your arms. In a womb below your beating heart, the double sex sleeps. Tonight and every night, go walking, gently moving that thigh, that second thigh and that left leg.

Being Beauteous

Devant une neige un Être de Beauté de haute taille. Des sifflements de mort et des cercles de musique sourde font monter, s'élargir et trembler comme un spectre ce corps adoré; des blessures écarlates et noires éclatent dans les chairs superbes. Les couleurs propres de la vie se foncent, dansent, et se dégagent autour de la Vision, sur le chantier. Et les frissons s'élèvent et grondent, et la saveur forcenée de ces effets se chargeant avec les sifflements mortels et les rauques musiques que le monde, loin derrière nous, lance sur notre mère de beauté,—elle recule, elle se dresse. Oh! nos os sont revêtus d'un nouveau corps amoureux.

———

Ô la face cendrée, l'écusson de crin, les bras de cristal! le canon sur lequel je dois m'abattre à travers la mêlée des arbres et de l'air léger!

Being Beauteous

Tall against the snow there stands the Incarnation of Beauty. Whistlings of death and rounds of muted music make the adored body, like something ghostly, rise; scarlet and black wounds erupt upon radiant flesh. The colors natural to life deepen, dance and break free in rings around the Vision-in-progress. Shudders rumble and rise, and the wild flavor of all these things is surcharged with deadly whistlings and raucous music flung at our mother of beauty by the worlds we've left behind, —see, she recoils, and now she rises once again to her full height. Oh! these bones are dressed in new flesh by her love.

———

O the ashen face, the badge of hair, the crystal arms! the artillery upon which I must hurl my body down through a clash of trees and thin air!

Vies

I

Ô les énormes avenues du pays saint, les terrasses du temple! Qu'a-t-on fait du brahmane qui m'expliqua les Proverbes? D'alors, de là-bas, je vois encore même les vieilles! Je me souviens des heures d'argent et de soleil vers les fleuves, la main de la compagne sur mon épaule, et de nos caresses debout dans les plaines poivrées.—Un envol de pigeons écarlates tonne autour de ma pensée.—Exilé ici, j'ai eu une scène où jouer les chefs-d'œuvre dramatiques de toutes les littératures. Je vous indiquerais les richesses inouïes. J'observe l'histoire des trésors que vous trouvâtes. Je vois la suite! Ma sagesse est aussi dédaignée que le chaos. Qu'est mon néant, auprès de la stupeur qui vous attend?

II

Je suis un inventeur bien autrement méritant que tous ceux qui m'ont précédé; un musicien même, qui ai trouvé quelque chose comme la clef de l'amour. À présent, gentilhomme d'une campagne aigre au ciel sobre, j'essaye de m'émouvoir au souvenir de l'enfance mendiante, de l'apprentissage ou de l'arrivée en sabots, des polémiques, des cinq ou six veuvages, et quelques noces où ma forte tête m'empêcha de monter au diapason des camarades. Je ne regrette pas ma vieille part de gaîté divine: l'air sobre de cette aigre campagne alimente fort activement mon atroce scepticisme. Mais comme ce scepticisme ne peut désormais être mis en œuvre, et que d'ailleurs je suis dévoué à un trouble nouveau,—j'attends de devenir un très méchant fou.

III

Dans un grenier où je fus enfermé à douze ans j'ai connu le monde, j'ai illustré la comédie humaine. Dans un cellier j'ai appris l'histoire. À quelque fête de nuit dans une cité du Nord j'ai rencontré

Lives

I

O the broad avenues of the Holy Land, the terraces of the temple!
What's become of the Brahman who unpuzzled Parables for me?
From then, from there, I can still see everything, even the old women! I
remember hours of silver and of sunlight by the rivers, the hand of my
sweetheart on my shoulder, and I remember caresses as we stood quiet
on the spice-scented plain. —A flight of blood-red doves bursts in my
memory. —In my exile, I've had a theater here, and I've performed all
the world's masterworks. Let me show you something… these are riches
unheard-of. I draw your attention also to the history of these treasures…
I know what you're thinking! My wisdoms are dismissed as madness.
What's nothingness, compared to the stupefaction awaiting *you*?

II

I am a greater inventor than any before me; a greater musician too,
having found something like the key of love. At present, a gentleman-
farmer of acid pastures and sober skies, I try to be moved by memories
of my childhood spent begging on the roads, of my apprenticeship or
of my first arrival in Paris in wooden shoes, my polemics, my five or
six dead wives, and some binges when, no matter how much I drank,
I could never laugh at the jokes of my companions. I do not miss my
little portion of God's gaiety; the sober air above these bitter pastures
nurtures my skepticism. But seeing as how skepticism is useless, and as
I am now wholly given over to new troubles, —I expect to become the
very worst kind of madman.

III

In an attic where they locked me up when I was twelve, I knew the
world; I illustrated the complete works of Balzac. In a cellar I learned
history. At a nighttime street-fair in a city of the North, I came

33

toutes les femmes des anciens peintres. Dans un vieux passage à Paris on m'a enseigné les sciences classiques. Dans une magnifique demeure cernée par l'Orient entier j'ai accompli mon immense œuvre et passé mon illustre retraite. J'ai brassé mon sang. Mon devoir m'est remis. Il ne faut même plus songer à cela. Je suis réellement d'outre-tombe, et pas de commissions.

across all the women of the Old Masters. In a dirty passage in Paris, I learned the sciences. In a sumptuous palace surrounded by the whole Orient, I finished my masterpiece and spent my illustrious retirement. I fermented my blood. My work is done, and I mustn't think of it anymore. I speak to you from beyond the grave, and I have nothing to say.

Départ

Assez vu. La vision s'est rencontrée à tous les airs.
Assez eu. Rumeurs des villes, le soir, et au soleil, et toujours.
Assez connu. Les arrêts de la vie.—Ô Rumeurs et Visions!
Départ dans l'affection et le bruit neufs!

Departure

Seen enough. The vision strives against itself in all atmospheres.

Had enough. Hubbub of cities, at evening, and in the sunshine, and always.

Known enough. The impediments of life. —O Hubbubs and Visions! Departure into new affections and noise!

Royauté

Un beau matin, chez un peuple fort doux, un homme et une femme superbes criaient sur la place publique:"Mes amis, je veux qu'elle soit reine!" "Je veux être reine!" Elle riait et tremblait. Il parlait aux amis de révélation, d'épreuve terminée. Ils se pâmaient l'un contre l'autre.

En effet, ils furent rois toute une matinée, où les tentures carminées se relevèrent sur les maisons, et toute l'après-midi, où ils s'avancèrent du côté des jardins de palmes.

Royalty

One fine morning, in the land of very gentle people, a handsome man and a beautiful woman cried aloud in the public square: "My friends, I want her to be queen!" "I want to be queen!" She laughed and trembled. He spoke to his friends about a revelation, about a trial ended. They swooned over each other.

As it turned out, they were monarchs for one entire morning, during which time the houses were draped in crimson, and for one entire afternoon, during which time they drifted through gardens of palm trees.

À une raison

Un coup de ton doigt sur le tambour décharge tous les sons et commence la nouvelle harmonie.

Un pas de toi, c'est la levée des nouveaux hommes et leur en-marche.

Ta tête se détourne: le nouvel amour! Ta tête se retourne,—le nouvel amour!

"Change nos lots, crible les fléaux, à commencer par le temps," te chantent ces enfants. "Élève n'importe où la substance de nos fortunes et de nos vœux," on t'en prie.

Arrivée de toujours, qui t'en iras partout.

To a Reason

One tap of your finger on the drum explodes all sounds and begins the new harmony.

One step of yours, and armies of new men are on the march.

You turn your head: new love! You face forward again: new love!

The children are singing to you, "Change our destinies, destroy all plagues, and begin with Time." The children are begging you, "Wherever you like, raise up the bright substance of our fortunes and desires."

Arrived from always, you go away everywhere.

Matinée d'ivresse

Ô *mon* Bien! Ô *mon* Beau! Fanfare atroce où je ne trébuche point! Chevalet féerique! Hourra pour l'œuvre inouïe et pour le corps merveilleux, pour la première fois! Cela commença sous les rires des enfants, cela finira par eux. Ce poison va rester dans toutes nos veines même quand, la fanfare tournant, nous serons rendu à l'ancienne inharmonie. Ô maintenant nous si digne de ces tortures! rassemblons fervemment cette promesse surhumaine faite à notre corps et à notre âme créés: cette promesse, cette démence! L'élégance, la science, la violence! On nous a promis d'enterrer dans l'ombre l'arbre du bien et du mal, de déporter les honnêtetés tyranniques, afin que nous amenions notre très pur amour. Cela commença par quelques dégoûts et cela finit,—ne pouvant nous saisir sur-le-champ de cette éternité,—cela finit par une débandade de parfums.

Rire des enfants, discrétion des esclaves, austérité des vierges, horreur des figures et des objets d'ici, sacrés soyez-vous par le souvenir de cette veille. Cela commençait par toute la rustrerie, voici que cela finit par des anges de flamme et de glace.

Petite veille d'ivresse, sainte! quand ce ne serait que pour le masque dont tu nous as gratifié. Nous t'affirmons, méthode! Nous n'oublions pas que tu as glorifié hier chacun de nos âges. Nous avons foi au poison. Nous savons donner notre vie tout entière tous les jours.

Voici le temps des ASSASSINS.

Morning of Drunkenness

O *my* Good! O *my* Beautiful! Atrocious fanfare, I've never once faltered! Magic rack! Hurrah for the unheard-of poem, and now, for the first time, for its marvelous body, hurrah! It began with the laughter of children; it will end there. This poison will be as strong as ever in our veins, even when the fanfare dies in the distance and we fall backwards into the very first discord. Having well and truly earned our tortures, let us now, and fervently, demand fulfillment of the godly promise made to our bodies and souls at the moment of their creation: this promise, this insanity. Elegance, science, violence! These, it was promised, would bury the tree of Good and Evil in absolute darkness, would banish despotic proprieties, freeing us to love purely in the Pure Land. It began with disgust; it ends — since eternity will never be taken by storm — it ends in the rout and riot of perfumes.

Laughter of children, modesty of slaves, austerity of virgins, horror of every face and object here, blessed may ye be in memory of my vigil ending now. It began with boorishness; it ends with angels of fire and ice.

Little drunken vigil canonized! So what if saintliness is all a masquerade? We affirm thee, O method of the mask! We do not forget; you are the glory of ages. We have faith in poison. We know very well how to waste our lives.

Behold the time of the ASSASSINS.

Phrases

Quand le monde sera réduit en un seul bois noir pour nos quatre yeux étonnés,—en une plage pour deux enfants fidèles,—en une maison musicale pour notre claire sympathie,—je vous trouverai.

Qu'il n'y ait ici-bas qu'un vieillard seul, calme et beau, entouré d'un "luxe inouï,"—et je suis à vos genoux.

Que j'aie réalisé tous vos souvenirs,—que je sois celle qui sait vous garrotter,—je vous étoufferai.

Quand nous somme très forts,—qui recule? très gais, —qui tombe de ridicule? Quand nous sommes très méchants, —que ferait-on de nous?

Parez-vous, dansez, riez.—Je ne pourrai jamais envoyer l'Amour par la fenêtre.

Ma camarade, mendiante, enfant monstre! comme ça t'est égal, ces malheureuses et ces manœuvres, et mes embarras. Attache-toi à nous avec ta voix impossible, ta voix! unique flatteur de ce vil désespoir.

Une matinée couverte, en juillet. Un goût de cendres vole dans l'air;—une odeur de bois suant dans l'âtre,—les fleurs rouies,—le saccage des promenades,—la bruine des canaux par les champs,—pourquoi pas déjà les joujoux et l'encens?

J'ai tendu des cordes de clocher à clocher; des guirlandes de fenêtre à fenêtre; des chaînes d'or d'étoile à étoile, et je danse.

Le haut étang fume continuellement. Quelle sorcière va se dresser sur le couchant blanc? Quelles violettes frondaisons vont descendre!

Pendant que les fonds publics s'écoulent en fêtes de fraternité, il sonne une cloche de feu rose dans les nuages.

Avivant un agréable goût d'encre de Chine, une poudre noire pleut doucement sur ma veillée.—Je baisse les feux du lustre, je me jette sur le lit, et, tourné du côté de l'ombre, je vous vois, mes filles! mes reines!

Phrases

When the world shrinks down to one last gloomy woodland in your eyes and in mine and in no others, —to a single beach for just two faithful children, —to one musical house for our perfect harmony, —I shall find you.

When the earth has room for only one old man, serene and beautiful and surrounded by unsurpassed luxury, —I shall be at your feet.

When all your memories belong to me, —when I am the little girl who has bound and gagged you, —I shall hang you.

When we are strongest,—who can stop us? When joyful, —who can mock us? When evil, —what can they do to us?

Put on your glad rags and dance and laugh. —I never *could* toss Love out the window.

Buddy of mine, beggar girl, monster child! Nothing reaches you— not these poor old hags, not the world's corruption, not even my own desperate circumstances. Join us, you—you with your impossible voice! solo singer of praises for this despair.

An overcast morning in July. A taste of ashes hangs in the air; —a smell of wood sweating in the hearth, —drenched flowers, —ruined paths, —drizzle over the canals and fields, —even so, why not toys, why not incense?

I've strung ropes from steeple to steeple; garlands from window to window; golden chains from star to star, and I'm dancing.

The upland ponds steam continually. Is that a witch arising out of the white sunset? Are those wildflowers falling out of the sky?

While the taxpayers' money disappears into old boys' banquets, a bell of rose-colored fire rings in the clouds.

With the sweet taste of India ink, black powders settle through the evening air. —I turn down the lamps, I jump into bed, and there, in the darkness, I see you, my daughters! my queens!

45

Ouvriers

Ô cette chaude matinée de février! Le Sud inopportun vint relever nos souvenirs d'indigents absurdes, notre jeune misère.

Henrika avait une jupe de coton à carreau blanc et brun, qui a dû être portée au siècle dernier, un bonnet à rubans et un foulard de soie. C'était bien plus triste qu'un deuil. Nous faisions un tour dans la banlieue. Le temps était couvert, et ce vent du Sud excitait toutes les vilaines odeurs des jardins ravagés et des prés desséchés.

Cela ne devait pas fatiguer ma femme au même point que moi. Dans une flache laissée par l'inondation du mois précédent à un sentier assez haut, elle me fit remarquer de très petits poissons.

La ville, avec sa fumée et ses bruits de métiers, nous suivait très loin dans les chemins. Ô l'autre monde, l'habitation bénie par le ciel, et les ombrages! Le Sud me rappelait les misérables incidents de mon enfance, mes désespoirs d'été, l'horrible quantité de force et de science que le sort a toujours éloignée de moi. Non! nous ne passerons pas l'été dans cet avare pays où nous ne serons jamais que des orphelins fiancés. Je veux que ce bras durci ne traîne plus *une chère image*.

Workers

A warm morning in February! The unseasonable sirocco blew in with memories of ridiculous poverty, our miserable youth.

Henrika was wearing a white and brown checked cotton skirt, something from before the Revolution, and a bonnet with ribbons and a silk scarf. It was as bleak as a funeral procession. We took a walk in the suburbs. The sky was leaden, and that sirocco was heavy with the stench of ruined gardens and parched fields.

For some reason, it didn't tire my wife the way it tired me. On the high road, in a puddle left by the January floods, she found some very small fish.

The city, with its fumes and factory noises, followed us every step of the way. O that other world, a homeland blessed by Heaven in cool shade! The sirocco reminded me of my lousy childhood, my summer despairs, the unimaginable strength and knowledge withheld, by Fate, from me. No! we shall not spend another summer in this stingy place. What are we here? Nothing but orphans betrothed. No more shall these strong arms drag *a cherished image* down these roads.

Les Ponts

Des ciels gris de cristal. Un bizarre dessin de ponts, ceux-ci droits, ceux-là bombés, d'autres en descendant obliquant en angles sur les premiers, et ces figures se renouvelant dans les autres circuits éclairés du canal, mais tous tellement longs et légers que les rives, chargées de dômes, s'abaissent et s'amoindrissent. Quelques-uns de ces ponts sont encore chargés de masures. D'autres soutiennent des mâts, des signaux, de frêles parapets. Des accords mineurs se croisent, et filent; des cordes montent des berges. On distingue une veste rouge, peut-être d'autres costumes et des instruments de musique. Sont-ce des airs populaires, des bouts de concerts seigneuriaux, des restants d'hymnes publics? L'eau est grise et bleue, large comme un bras de mer.

Un rayon blanc, tombant du haut du ciel, anéantit cette comédie.

The Bridges

Skies of gray crystal. A strange pattern of bridges, some straight, some bulged in the middle, others descending at odd angles to the first ones, and these shapes repeat themselves in the glowing circuitry of canals, but all so long and so light that the riverbanks, laden with domes, collapse. Some of the bridges are shanty towns. Others support masts and spars, signals and tottering parapets. Minor chords intertwine and diminish; ropes rise from the shores. You can see a red jacket, maybe some other uniforms and musical instruments. Are they popular tunes, fragments of classical music, bits of anthems? The water is gray and blue, as wide as a branch of the sea.

A white sunbeam, falling from the uppermost sky, annihilates all this.

49

Ville

Je suis un éphémère et point trop mécontent citoyen d'une
métropole crue moderne parce que tout goût connu a été éludé dans
les ameublements et l'extérieur des maisons aussi bien que dans le
plan de la ville. Ici vous ne signaleriez les traces d'aucun monument
de superstition. La morale et la langue sont réduites à leur plus simple
expression, enfin! Ces millions de gens qui n'ont pas besoin de se
connaître amènent si pareillement l'éducation, le métier et la vieillesse,
que ce cours de vie doit être plusieurs fois moins long que ce qu'une
statistique folle trouve pour les peuples du continent. Aussi comme,
de ma fenêtre, je vois des spectres nouveaux roulant à travers l'épaisse
et éternelle fumée de charbon—notre ombre des bois, notre nuit
d'été!—des Érinnyes nouvelles, devant mon cottage qui est ma patrie et
tout mon cœur puisque tout ici ressemble à ceci,—la Mort sans pleurs,
notre active fille et servante, et un Amour désespéré et un joli Crime
piaulant dans la boue de la rue.

City

I am a temporary and not unhappy citizen of a metropolis generally deemed modern because, in all of its furnishings and facades, and even in its overall city-plan, good taste has been scrupulously avoided. Here you will not find the slightest trace of any monument to superstition. In brief, language and morality have been reduced to their minims! These millions of people, all strangers to one another, pursue their educations and occupations and decrepitude so uniformly that their life spans seem many times shorter than those statistically ordained for ordinary Europeans. From my window, I can see new specters rolling through thick, everlasting fumes—our forest shade, our summer night!—my cottage is my homeland and my whole heart because it is just like all the others, and out front, a whole new breed of Furies is arising,—Death without tears (our priceless housemaid), hopeless Love and pretty Crime puling in the gutter.

Ornières

À droite l'aube d'été éveille les feuilles et les vapeurs et les bruits de ce coin du parc, et les talus de gauche tiennent dans leur ombre violette les mille rapides ornières de la route humide. Défilé de féeries. En effet: des chars chargés d'animaux de bois doré, de mâts et de toiles bariolées, au grand galop de vingt chevaux de cirque tachetés, et les enfants et les hommes sur leurs bêtes les plus étonnantes;—vingt véhicules, bossés, pavoisés et fleuris comme des carrosses anciens ou de contes, pleins d'enfants attifés pour une pastorale suburbaine;—même des cercueils sous leur dais de nuit dressant les panaches d'ébène, filant au trot des grandes juments bleues et noires.

Ruts

To your right, in this summery corner of the park, sunrise wakens the leaves and mists and low sounds; to your left, in violet shade, a hillside road is crisscrossed with muddy wheel ruts. A fairy procession has surely passed this way: wagons loaded with gilded wooden animals, with tent poles and brightly colored canvas, sped along behind twenty spotted circus horses, and children and men astride astonishing beasts; —twenty glittering wagons, like coaches from a storybook, bedecked with flags and flowers, filled with children in holiday attire; —and coffins passed too, under dark canopies and darker plumes, behind the heavy step of blue-black mares.

Villes

Ce sont des villes! C'est un peuple pour qui se sont montés ces Alleghanys et ces Libans de rêve! Des chalets de cristal et de bois qui se meuvent sur des rails et des poulies invisibles. Les vieux cratères ceints de colosses et de palmiers de cuivre rugissent mélodieusement dans les feux. Des fêtes amoureuses sonnent sur les canaux pendus derrière les chalets. La chasse des carillons crie dans les gorges. Des corporations de chanteurs géants accourent dans des vêtements et des oriflammes éclatants comme la lumière des cimes. Sur les plate-formes au milieu des gouffres les Rolands sonnent leur bravoure. Sur les passerelles de l'abîme et les toits des auberges l'ardeur du ciel pavoise les mâts. L'écroulement des apothéoses rejoint les champs des hauteurs où les centauresses séraphiques évoluent parmi les avalanches. Au-dessus du niveau des plus hautes crêtes, une mer troublée par la naissance éternelle de Vénus, chargée de flottes orphéoniques et de la rumeur des perles et des conques précieuses;—la mer s'assombrit parfois avec des éclats mortels. Sur les versants, des moissons de fleurs grandes comme nos armes et nos coupes, mugissent. Des cortèges de Mabs en robes rousses, opalines, montent des ravines. Là-haut, les pieds dans la cascade et les ronces, les cerfs tettent Diane. Les Bacchantes des banlieues sanglotent et la lune brûle et hurle. Vénus entre dans les cavernes des forgerons et des ermites. Des groupes de beffrois chantent les idées des peuples. Des châteaux bâtis en os sort la musique inconnue. Toutes les légendes évoluent et les élans se ruent dans les bourgs. Le paradis des orages s'effondre. Les sauvages dansent sans cesse la fête de la nuit. Et, une heure, je suis descendu dans le mouvement d'un boulevard de Bagdad où des compagnies ont chanté la joie du travail nouveau, sous une brise épaisse, circulant sans pouvoir éluder les fabuleux fantômes des monts où l'on a dû se retrouver.

Quels bons bras, quelle belle heure me rendront cette région d'où viennent mes sommeils et mes moindres mouvements?

Cities

What cities! And these are the humans for whom the dream Alleghenies and Lebanons first arose! Chalets of crystal and timber move along invisible rails. Ringed by colossi and copper palm trees, old craters roar tunefully in fires. Love feasts echo across canals. Carillons chime in the gorges. Guilds of gigantic singers gather together in all their finery, haloed like mountaintops. On platforms over chasms, latter-day Rolands trumpet their bravado. From footbridges over the abyss and from the roofs of inns thunderbolts fly like flags. The collapse of idols inundates the sunny uplands where seraphic centauresses sport among avalanches. Higher than the highest crags, an ocean heaving with the eternal birth of Venus, crowded with Orphic flotillas and the music of rare pearls and conches; —the ocean darkens sometimes with rumors of death. On the slopes, harvests of flowers as big as guns and goblets howl. Processions of Mabs in scarlet and opaline robes ascend from the valleys. And over there, with their delicate feet in the waterfall and brambles, deer suckle at Diana's breast. Suburban Bacchantes sob and the screaming moon burns. Venus enters the caves of blacksmiths and eremites. A cluster of belfries incants the human idea. From bone castles, unknown music comes. All legends change and impulse runs riot through the towns. The paradise of storms subsides. Savages dance incessantly in celebration of the darkness. And once, for an hour, I walked down into the maelstrom of a boulevard in Baghdad, and there I saw workmen singing for joy in the heavy air; I kept moving but never could elude the fabulous ghosts of the mountains where I must seek myself again.

What good arms, what beautiful hour will carry me back to my country, the home of my sleep and my every move?

Vagabonds

Pitoyable frère! Que d'atroces veillées je lui dus! "Je ne me saisissais pas fervemment de cette entreprise. Je m'étais joué de son infirmité. Par ma faute nous retournerions en exil, en esclavage." Il me supposait un guignon et une innocence très bizarres, et il ajoutait des raisons inquiétantes.

Je répondais en ricanant à ce satanique docteur, et finissais par gagner la fenêtre. Je créais, par delà la campagne traversée par des bandes de musique rare, les fantômes du futur luxe nocturne.

Après cette distraction vaguement hygiénique, je m'étendais sur une paillasse. Et, presque chaque nuit, aussitôt endormi, le pauvre frère se levait, la bouche pourrie, les yeux arrachés,—tel qu'il se rêvait!—et me tirait dans la salle en hurlant son songe de chagrin idiot.

J'avais en effet, en toute sincérité d'esprit, pris l'engagement de le rendre à son état primitif de fils du soleil,—et nous errions, nourris du vin des cavernes et du biscuit de la route, moi pressé de trouver le lieu et la formule.

Vagabonds

Pitiful brother! What atrocious nights I owed to him! "I had no passion for the affair. I made fun of his weaknesses. And because of me, we'd drift back into exile and slavery." He believed me to be a jinx and, at the same time, an innocent. His reasons were disturbing.

I laughed at the Satanic doctor, nervously, and ended up at the window. From there, across a landscape colored by strange music, I conjured phantoms of far distant and luxurious nights.

After this vaguely hygienic distraction, I'd stretch out upon a straw mattress. And, almost every night, as soon as I fell asleep, my poor brother would rise, his breath stinking, his eyes gouged out—exactly as he dreamed himself to be!—and howling in his idiot grief, he'd drag me to the center of the room.

In all sincerity, I'd sworn to restore him to his primeval state of Sun-Child, —and we would wander, then, living on nothing but stale bread and rough wine, while I continued to seek the good place and the right potion.

Villes

L'acropole officielle outre les conceptions de la barbarie moderne les plus colossales. Impossible d'exprimer le jour mat produit par le ciel immuablement gris, l'éclat impérial des bâtisses, et la neige éternelle du sol. On a reproduit dans un goût d'énormité singulier toutes les merveilles classiques de l'architecture. J'assiste à des expositions de peinture dans des locaux vingt fois plus vastes qu'Hampton-Court. Quelle peinture! Un Nabuchodonosor norwégien a fait construire les escaliers des ministères; les subalternes que j'ai pu voir sont déjà plus fiers que des brahmanes, et j'ai tremblé à l'aspect des gardiens de colosses et officiers de constructions. Par le groupement des bâtiments, en squares, cours et terrasses fermées, on a évincé les cochers. Les parcs représentent la nature primitive travaillée par un art superbe. Le haut quartier a des parties inexplicables: un bras de mer, sans bateaux, roule sa nappe de grésil bleu entre des quais chargés de candélabres géants. Un pont court conduit à une poterne immédiatement sous le dôme de la Sainte-Chapelle. Ce dôme est une armature d'acier artistique de quinze mille pieds de diamètre environ.

Sur quelques points des passerelles de cuivre, des plates-formes, des escaliers qui contournent les halles et les piliers, j'ai cru pouvoir juger la profondeur de la ville! C'est le prodige dont je n'ai pu me rendre compte: quels sont les niveaux des autres quartiers sur ou sous l'acropole? Pour l'étranger de notre temps la reconnaissance est impossible. Le quartier commerçant est un circus d'un seul style, avec galeries à arcades. On ne voit pas de boutiques, mais la neige de la chaussée est écrasée; quelques nababs, aussi rares que les promeneurs d'un matin de dimanche à Londres, se dirigent vers une diligence de diamants. Quelques divans de velours rouge: on sert des boissons polaires dont le prix varie de huit cents à huit mille roupies. A l'idée de chercher des théâtres sur ce circus, je me réponds que les boutiques doivent contenir des drames assez sombres. Je pense qu'il y a une police; mais la loi doit être tellement étrange, que je renonce à me faire une idée des aventuriers d'ici.

Le faubourg aussi élégant qu'une belle rue de Paris, est favorisé d'un air de lumière; l'élément démocratique compte quelques cents âmes. Là encore, les maisons ne se suivent pas; le faubourg se perd

Cities

The official acropolis far exceeds even the most colossal designs of modern barbarity. Impossible to describe the immutable gray of the skies, the imperial grandeur of the buildings, and the everlasting snow on the ground. All the wonders of classical architecture have been reproduced with singular enormity. I visit exhibitions of paintings in rooms twenty times the size of Hampton Court. What pictures! The stairways of all the government buildings were built by a Norwegian Nebuchadnezzar; the underlings I was able to see are already prouder than Brahmans, and I trembled at the mere sight of the guardians of colossi and construction. The city is laid out in such a way—in squares, courtyards and covered terraces—that taxis are quite useless. In the parks, primitive nature is always on display. Parts of the upper town are inexplicable: a slate-blue inlet of the sea, with no boats, laps against the wharves, and the wharves are laden with huge candelabra. A little bridge leads to a low gate just below the dome of Sainte-Chapelle. The dome itself is an artistic framework of steel nearly fifteen thousand feet in diameter.

From several places on the copper footbridges and on the overlooks and stairways encircling the market squares, I thought I could assess the depth of the city! But here is a miracle I could not measure: the heights and the depths of those neighborhoods above and below the acropolis. For the modern tourist, exploration is impossible. The business district is a circus of one style, with arcades in long galleries. I saw no shops, but the snow in the streets was well trampled; some nabobs, as rare as Sunday morning pedestrians in London, were making their way towards a diamond stagecoach. A few red velvet divans: arctic beverages on sale, some for eight hundred and some for eight thousand rupees. When I think of looking for a theater hereabouts, I tell myself that the invisible shops must shelter some tragically dismal dramas of their own. I think there are cops; but the laws must be so weird that the lawbreakers themselves are unimaginable.

The suburb, as elegant as a beautiful street in Paris, has a lightsome air: the electorate numbers only a few hundred souls. The houses are scattered willy-nilly; the suburb simply disappears at some

bizarrement dans la campagne, le "Comté" qui remplit l'occident
éternel des forêts et des plantations prodigieuses où les gentilshommes
sauvages chassent leurs chroniques sous la lumière qu'on a créée.

point into the countryside, the "County," an interminable West of forests and vast plantations where savage gentry hunt for their names in newspapers by the light I've shed.

Veillées

I

C'est le repos éclairé, ni fièvre ni langueur, sur le lit ou sur le pré.
C'est l'ami ni ardent ni faible. L'ami.
C'est l'aimée ni tourmentante ni tourmentée. L'aimée.
L'air et le monde point cherchés. La vie.
—Etait-ce donc ceci?
—Et le rêve fraîchit.

II

L'éclairage revient à l'arbre de bâtisse. Des deux extrémités de la salle, décors quelconques, des élévations harmoniques se joignent. La muraille en face du veilleur est une succession psychologique de coupes de frises, de bandes atmosphériques et d'accidences géologiques.—Rêve intense et rapide de groupes sentimentaux avec des êtres de tous les caractères parmi toutes les apparences.

III

Les lampes et les tapis de la veillée font le bruit des vagues, la nuit, le long de la coque et autour du steerage.
La mer de la veillée, telle que les seins d'Amélie.
Les tapisseries, jusqu'à mi-hauteur, des taillis de dentelle teinte d'émeraude, où se jettent les tourterelles de la veillée.

. . . .

La plaque du foyer noir, de réels soleils des grèves: ah! puits des magies; seule vue d'aurore, cette fois.

Vigils

I

Sleep struck by lightning, neither fever nor languor, on the bed or on the meadow.

Friend neither fervent nor feeble. Friend.

Beloved neither tormented nor tormenting. Beloved.

Unsought air and unsought world. Life.

—Was that it, then?

—And the dream grows cold.

II

Lightning returns to the roof-tree. From both ends of the room, ordinary décor and harmonic elevations collide. The blind wall facing the watchman becomes a psychological magic lantern show of friezes, storm fronts and geological undulations.—Sudden intense dream of sentimental men of all kinds and character.

III

The lamps and the rugs of the vigil make the sound of waves, at night, along the keel and around the steerage deck.

The sea of the vigil, like the breasts of Amelia.

The tapestries, halfway up, thickets of emerald-green lace into which the doves of the vigil fly.

. . . .

The black hearth of home, real suns on actual shores: ah! supernatural wells; vision a solitary dawn, this time.

Mystique

Sur la pente du talus, les anges tournent leurs robes de laine dans les herbages d'acier et d'émeraude.

Des prés de flammes bondissent jusqu'au sommet du mamelon. À gauche le terreau de l'arête est piétiné par tous les homicides et toutes les batailles, et tous les bruits désastreux filent leur courbe. Derrière l'arête de droite la ligne des orients, des progrès.

Et, tandis que la bande en haut du tableau est formée de la rumeur tournante et bondissante des conques des mers et des nuits humaines,

La douceur fleurie des étoiles et du ciel et du reste descend en face du talus, comme un panier,—contre notre face, et fait l'abîme fleurant et bleu là-dessous.

Mystic

On the sunny hillside, angels weave their woolen robes in pastures of steel and emeralds.

Meadows of flame mount to the summit. To the left, the scree has been trampled to dust by battles and murderers, and all the sounds of catastrophe clamor there still. To the right, over the ridge, runs the path of the Silk Road and progress.

And while a band of darkness at the very edge of sight takes shape in the twirling and leaping murmur of conch shells and human nights,

The soft perfume of the stars and of the sky and of everything drifts down from the hilltop, like a basket, —caressing our face, making the abyss just below us fragrant and blue.

Aube

J'ai embrassé l'aube d'été.

Rien ne bougeait encore au front des palais. L'eau était morte.
Les camps d'ombres ne quittaient pas la route du bois. J'ai marché,
réveillant les haleines vives et tièdes, et les pierreries regardèrent, et les
ailes se levèrent sans bruit.

La première entreprise fut, dans le sentier déjà empli de frais et
blêmes éclats, une fleur qui me dit son nom.

Je ris au wasserfall blond qui s'échevela à travers les sapins: à la cime
argentée je reconnus la déesse.

Alors je levai un à un les voiles. Dans l'allée, en agitant les bras. Par
la plaine, où je l'ai dénoncée au coq. À la grand'ville, elle fuyait parmi les
clochers et les dômes, et, courant comme un mendiant sur les quais de
marbre, je la chassais.

En haut de la route, près d'un bois de lauriers, je l'ai entourée avec
ses voiles amassés, et j'ai senti un peu son immense corps. L'aube et
l'enfant tombèrent au bas du bois.

Au réveil il était midi.

Dawn

I kissed the summer dawn.

In front of the palaces, nothing stirred. The lakes lay dead. An army of shadows slept on the forest road. I walked on, wakening the warm, live air, and the stones watched me, and wings rose up without a sound.

What happened first was that, in the cool, now shimmering path, a flower told me her name.

I laughed at the blond waterfall whose hair streamed down through the pines: at the silvery summit I recognized the goddess.

Then, one by one, I lifted her veils. In the path, waving my arms. In the flatlands, where I told the rooster she was coming. In the great city, she ran away among the steeples and the domes, and, running like a beggar among the marble piers, I gave chase.

At a crest in the road, near a grove of laurels, I gathered her up in a net of her own veils and only then began to know her infinite body. Dawn and the child dove to the bottom of the wood.

I woke at noon.

Fleurs

D'un gradin d'or,—parmi les cordons de soie, les gazes grises, les velours verts et les disques de cristal qui noircissent comme du bronze au soleil,—je vois la digitale s'ouvrir sur un tapis de filigranes d'argent, d'yeux et de chevelures.

Des pièces d'or jaune semées sur l'agate, des piliers d'acajou supportant un dôme d'émeraudes, des bouquets de satin blanc et de fines verges de rubis entourent la rose d'eau.

Tels qu'un dieu aux énormes yeux bleus et aux formes de neige, la mer et le ciel attirent aux terrasses de marbre la foule des jeunes et fortes roses.

Flowers

From a golden terrace, —among silken cords, gray gauzes, green velvets and crystal disks that darken like bronze in the sun, —I see the foxglove opening on a carpet of silver filigree, of eyes and of hair.

Bits of yellow gold sown onto agate, pillars of mahogany supporting an emerald dome, bouquets of white satin intertwined with ruby stems surround the water rose.

Like a god with enormous blue eyes and limbs of snow, the sea and the sky entice the hosts of young, strong roses up the marble stairs.

Nocturne vulgaire

Un souffle ouvre des brèches opéradiques dans les cloisons,—brouille le pivotement des toits rongés,—disperse les limites des foyers,—éclipse les croisées.

Le long de la vigne, m'étant appuyé du pied à une gargouille,—je suis descendu dans ce carrosse dont l'époque est assez indiquée par les glaces convexes, les panneaux bombés et les sophas contournés. Corbillard de mon sommeil, isolé, maison de berger de ma niaiserie, le véhicule vire sur le gazon de la grande route effacée: et dans un défaut en haut de la glace de droite tournoient les blêmes figures lunaires, feuilles, seins.

—Un vert et un bleu très foncés envahissent l'image. Dételage aux environs d'une tache de gravier.

—Ici va-t-on siffler pour l'orage, et les Sodomes et les Solymes, et les bêtes féroces et les armées,

(—Postillon et bêtes de songe reprendront-ils sous les plus suffocantes futaies, pour m'enfoncer jusqu'aux yeux dans la source de soie.)

—Et nous envoyer, fouettés à travers les eaux clapotantes et les boissons répandues, rouler sur l'aboi des dogues…

—Un souffle disperse les limites du foyer.

Crude Nocturne

A single breath breaches the walls, operatically, —upsets the angles of worm-eaten roofs,—abolishes hearths,—blackens windows.

At the edge of the vineyard, having rested awhile against a gargoyle, —I boarded this coach whose age shows clearly in its convex mirrors, bulging panels and contoured cushions. Hearse of my sleep, isolated shepherd's hut of my inanity, the coach turns onto the grass of the abandoned highway: and in a blemish in the uppermost right-hand mirror glass a sudden turbulence of lunar ghosts, foliage, breasts.

—Very deep greens and blues invade the image. We unharness the horses near a patch of gravel.

—Someone whistle for a tempest here, for Sodoms and Solymas, for wild beasts and armies,

(—Will outriders and dream animals return through suffocating timberlands only to sink me up to my eyeballs in a silken spring?)

—And send us, scourged through splashing waters and spilled drinks, to roll in the baying of bulldogs …

—One breath abolishes the hearth.

Marine

Les chars d'argent et de cuivre—
Les proues d'acier et d'argent—
Battent l'écume,—
Soulèvent les souches des ronces.
Les courants de la lande,
Et les ornières immenses du reflux,
Filent circulairement vers l'est,
Vers les piliers de la forêt,
Vers les fûts de la jetée,
Dont l'angle est heurté par des tourbillons de lumière.

Seascape

Chariots of silver and copper—
Prows of steel and silver—
Stir up the spume,—
Uproot the stumps of brambles.
The currents of the moor,
And the long gashes of the ebb tide,
Go clockwise towards the east,
Towards the pillars of the forest,
Towards the pilings of the pier,
Whose corner is battered by whirlwinds of light.

Fête d'hiver

La cascade sonne derrière les huttes d'opéra-comique. Des girandoles se prolongent, dans les vergers et les allées voisins du méandre,—les verts et les rouges du couchant. Nymphes d'Horace coiffées au Premier Empire.—Rondes Sibériennes, Chinoises de Boucher.

Winter Festival

The waterfall cascades behind the cabins of the comic-opera. In the orchards and paths beside meandering waters, fireworks prolong the sunset reds and greens. Horatian nymphs with hair beribboned in the Empire style. —Siberian rondos, Boucher's Chinese women.

Angoisse

Se peut-il qu'Elle me fasse pardonner les ambitions continuellement écrasées,—qu'une fin aisée répare les âges d'indigence,—qu'un jour de succès nous endorme sur la honte de notre inhabileté fatale?

(Ô palmes! diamant!—Amour, force!—plus haut que toutes joies et gloires!—de toutes façons, partout,—Démon, dieu,—jeunesse de cet être-ci: moi!)

Que les accidents de féerie scientifique et des mouvements de fraternité sociale soient chéris comme restitution progressive de la franchise première?...

Mais la Vampire qui nous rend gentils commande que nous nous amusions avec ce qu'elle nous laisse, ou qu'autrement nous soyons plus drôles.

Rouler aux blessures, par l'air lassant et la mer; aux supplices, par le silence des eaux et de l'air meurtriers; aux tortures qui rient, dans leur silence atrocement houleux.

Agony

Is it possible that She has pardoned me for so many ambitions crushed time and again, —that a happy ending can make amends for a lifetime's poverty, —that one successful day will let us sleep at ease upon the shame of our deadly incompetence?

(O palms! diamond!—Love! strength!—beyond all joys and all glories!—in every way and everywhere—Demon, god—youth of this very being: me!)

Is it possible that accidents of scientific magic and movements of social brotherhood will come to be cherished as the gradual restoration of our first innocence?...

But the Vampire who gentles us commands that we enjoy ourselves and our little portion ... that, or otherwise find some other way to amuse her.

To wallow in wounds, through heavy air and heavy seas; on racks, through the murderous silence of waters and air; in laughing tortures, in a silence swollen with cruelties.

Métropolitain

Du détroit d'indigo aux mers d'Ossian, sur le sable rose et orange qu'a lavé le ciel vineux viennent de monter et de se croiser des boulevards de cristal habités incontinent par de jeunes familles pauvres qui s'alimentent chez les fruitiers. Rien de riche.—La ville!

Du désert de bitume fuient droit en déroute avec les nappes de brumes échelonnées en bandes affreuses au ciel qui se recourbe, se recule et descend formé de la plus sinistre fumée noire que puisse faire l'Océan en deuil, les casques, les roues, les barques, les croupes.—La bataille!

Lève la tête: ce pont de bois, arqué; les derniers potagers de Samarie; ces masques enluminés sous la lanterne fouettée par la nuit froide; l'ondine niaise à la robe bruyante, au bas de la rivière; les crânes lumineux dans les plans de pois,—et les autres fantasmagories,—la campagne.

Des routes bordées de grilles et de murs, contenant à peine leurs bosquets, et les atroces fleurs qu'on appellerait cœurs et sœurs, Damas damnant de longueur,—possessions de féeriques aristocraties ultra-Rhénanes, Japonaises, Guaranies, propres encore à recevoir la musique des anciens,—et il y a des auberges qui pour toujours n'ouvrent déjà plus;—il y a des princesses, et, si tu n'es pas trop accablé, l'étude des astres,—le ciel.

Le matin où, avec Elle, vous vous débattîtes parmi les éclats de neige, les lèvres vertes, les glaces, les drapeaux noirs et les rayons bleus, et les parfums pourpres du soleil des pôles,—ta force.

Metropolitan

From the indigo straits to Ossian's seas, on the wine-dark sky-washed rose and orange sands, crystal boulevards have just now risen and crossed, inundated instantly by poor young families who get their food from the fruit stands. Nothing posh.—The city!

In a beeline from the asphalt desert, in a chaos of sheets of fog chevroned in hideous bands onto a bending, recoiling, sinking sky born out of the most sinister black smoke a grieving Ocean could spew, helmets, wheels, barges and rumps flee.—The battle!

Lift your head: this arched wooden bridge; these last little garden plots of Samaria; these carnival masks seen by the light of lanterns lashed by frigid night; the foolish water nymph in her noisy gown, at the bottom of the river; the luminous skulls in the pea rows—and other phantasmagoria—the country!

Roadways bordered by railings and walls, thickets bursting through, and horrible flowers you might call hearts and sisters, Damascus damning all with dullness—possessions of fairy-tale noblemen from beyond the Rhine and Japan and Guarania, still capable of the ancient music—and there are some few small country inns, closed now, and never to open again;—there are princesses and, if you can bear it, the study of the stars—the sky.

The morning when, with Her, you struggled amid shards of snow, the green lips, the ice, the black flags and blue rays, and the purple perfumes of the Polar sun—your strength.

Barbare

Bien après les jours et les saisons, et les êtres et les pays,

Le pavillon en viande saignante sur la soie des mers et des fleurs arctiques; (elles n'existent pas.)

Remis des vieilles fanfares d'héroïsme—qui nous attaquent encore le cœur et la tête—loin des anciens assassins.

Oh! le pavillon en viande saignante sur la soie des mers et des fleurs arctiques; (elles n'existent pas.)

Douceurs!

Les brasiers, pleuvant aux rafales de givre,—Douceurs!—les feux à la pluie du vent de diamants jetée par le cœur terrestre éternellement carbonisé pour nous.—Ô monde!—

(Loin des vieilles retraites et des vieilles flammes, qu'on entend, qu'on sent,)

Les brasiers, et les écumes. La musique, virement des gouffres et choc des glaçons aux astres.

Ô Douceurs, ô monde, ô musique! Et là, les formes, les sueurs, les chevelures et les yeux, flottant. Et les larmes blanches, bouillantes,— ô douceurs!—et la voix féminine arrivée au fond des volcans et des grottes arctiques.

Le pavillon…

Barbarian

Long after the days and seasons, the creatures and countries,

The flag of bloody meat above the silk of seas and of arctic flowers; (they don't exist.)

Rescued from the old heroic fanfares—they still attack my heart and my head—far from bygone assassins.

Oh! the flag of bloody meat above the silk of seas and of arctic flowers; (they don't exist.)

Delights!

Hot coals raining down hard through hoarfrost,—Delights!—fires in the rain of the wind of diamonds hurled by the earth's heart charred forever for our sake.—O world!—

(Far from the old haunts and old hearths, heard, felt,)

Hot coals and spume. Music, swerving of chasms and collisions of drift ice with the stars.

O Delights, O world, O music! And there, forms, sweats, tresses and eyes, all floating. And the white tears, boiling,—O delights!—and the voice of Woman rising to me from the depths of volcanoes and arctic grottoes.

The flag...

Promontoire

L'aube d'or et la soirée frissonnante trouvent notre brick en large en face de cette villa et de ses dépendances, qui forment un promontoire aussi étendu que l'Épire et le Péloponnèse ou que la grande île du Japon, ou que l'Arabie! Des fanums qu'éclaire la rentrée des théories; d'immenses vues de la défense des côtes modernes; des dunes illustrées de chaudes fleurs et de bacchanales; de grands canaux de Carthage et des embankments d'une Venise louche; de molles éruptions d'Etnas et des crevasses de fleurs et d'eaux des glaciers; des lavoirs entourés de peupliers d'Allemagne; des talus de parcs singuliers penchant des têtes d'Arbres du Japon; et les façades circulaires des "Royal" ou des "Grand" de Scarborough ou de Brooklyn; et leurs railways flanquent, creusent, surplombent les dispositions de cet hôtel, choisies dans l'histoire des plus élégantes et des plus colossales constructions de l'Italie, de l'Amérique et de l'Asie, dont les fenêtres et les terrasses, à présent pleines d'éclairages, de boissons et de brises riches, sont ouvertes à l'esprit des voyageurs et des nobles, — qui permettent, aux heures du jour, à toutes les tarentelles des côtes, — et même aux ritournelles des vallées illustres de l'art, de décorer merveilleusement les façades du Palais-Promontoire.

Promontory

Golden dawn and shivering evening find our brigantine at sea opposite this villa and its outbuildings, all forming a promontory as extensive as Epirus and the Peloponnesus or as the big island of Japan, or as Arabia! Shrines ablaze with returning processions; endless vista of modern coastal fortifications; dunes festooned with hot flowers and bacchanalia; grand canals of Carthage and sleazy Venetian embankments; feeble spluttering Etnas and crevasses filled with flowers and melting glaciers; washhouses surrounded by German poplars; strange urban knolls where Japanese trees bow down; the curvaceous facades of the "Royal" or the "Grand" hotels of Scarborough or Brooklyn; railways flank, undermine and overhang the hotel's overall design, one lifted from the most elegant and colossal structures in Italian and American and Asian history, a design whose glowing windows and terraces, drinks and breezes, yield themselves to the traveler's mind and the nobleman's spirit—who, in daylight, yield to the tarantellas of the shore—and also to the ritornellos of the illustrious Vales of Art, marvelously to adorn the facades of the *Palais-Promontoire.*

Scènes

L'ancienne Comédie poursuit ses accords et divise ses idylles:
Des boulevards de tréteaux.

Un long pier en bois d'un bout à l'autre d'un champ rocailleux où la foule barbare évolue sous les arbres dépouillés.

Dans des corridors de gaze noire, suivant le pas des promeneurs aux lanternes et aux feuilles,

Des oiseaux comédiens s'abattent sur un ponton de maçonnerie mû par l'archipel couvert des embarcations des spectateurs.

Des scènes lyriques, accompagnées de flûte et de tambour, s'inclinent dans des réduits ménagés sous les plafonds autour des salons de clubs modernes ou des salles de l'Orient ancien.

La féerie manœuvre au sommet d'un amphithéâtre couronné de taillis,—ou s'agite et module pour les Béotiens, dans l'ombre des futaies mouvantes, sur l'arête des cultures.

L'opéra-comique se divise sur notre scène à l'arête d'intersection de dix cloisons dressées de la galerie aux feux.

Scenes

Ancient Comedy harries its harmonies, scatters its idylls:
Boulevards of little theaters.

A long wooden pier from one end to the other of a stony field where barbarous crowds move among bare trees.

In corridors of black gauze, walking in the footsteps of the walkers under lanterns and leaves,

Bird actors bear down upon a brickwork jetty bobbing in an archipelago of boats.

Lyrical scenes, accompanied by flute and drum, bow gracefully off into alcoves in modern clubrooms or ancient seraglios.

The fantasia takes place atop an amphitheater crowned with thickets—or it undulates and changes for Boetians, in the shadow of walking trees, at the edge of the plowed land.

The operetta comes apart right on stage where ten partitions divide the audience from the footlights.

Soir historique

En quelque soir, par exemple, que se trouve le touriste naïf, retiré de nos horreurs économiques, la main d'un maître anime le clavecin des prés; on joue aux cartes au fond de l'étang, miroir évocateur des reines et des mignonnes; on a les saintes, les voiles, et les fils d'harmonie, et les chromatismes légendaires, sur le couchant.

Il frissonne au passage des chasses et des hordes. La comédie goutte sur les tréteaux de gazon. Et l'embarras des pauvres et des faibles sur ces plans stupides!

À sa vision esclave,—l'Allemagne s'échafaude vers des lunes; les déserts tartares s'éclairent;—les révoltes anciennes grouillent dans le centre du Céleste Empire; par les escaliers et les fauteuils de rocs un petit monde blême et plat, Afrique et Occidents, va s'édifier. Puis un ballet de mers et de nuits connues, une chimie sans valeur, et des mélodies impossibles.

La même magie bourgeoise à tous les points où la malle nous déposera! Le plus élémentaire physicien sent qu'il n'est plus possible de se soumettre à cette atmosphère personnelle, brume de remords physiques, dont la constatation est déjà une affliction.

Non! Le moment de l'étuve, des mers enlevées, des embrasements souterrains, de la planète emportée, et des exterminations conséquentes, certitudes si peu malignement indiquées dans la Bible et par les Nornes et qu'il sera donné à l'être sérieux de surveiller.—Cependant ce ne sera point un effet de légende!

Historic Evening

Say, for example, on an evening when the innocent tourist finds himself reprieved from harsh economies, a masterful hand brings the harpsichord of green fields alive; someone's playing cards at the bottom of the pond, and the water is a magic mirror filled with queens and courtiers; there are saints, veils, subtly woven harmonies and, in the sunset, legendary colors.

He shudders at the passing of hunts and hordes. A comedy drools on the lawn. And the embarrassed confusion of the poor and the weak about its stupid story line!

In his slavish vision, Germany builds a Babel to the moon; the steppes of Tartary catch fire; revolutions crawl like maggots in the heart of the Celestial Empire; on stony stairways and chairs, a tiny, flat white world, Africa and Christendom, is under construction. Afterwards comes a ballet of familiar nights and seas, a worthless chemistry, and impossible tunes.

The same old bourgeois magic no matter where the mail train stops! Even the most elementary physicist finds this personal atmosphere unendurable, smog of sexual remorse, insupportable findings.

No! The moment of cauldrons, of rough seas, of underground fires, of the whole planet swept away, of genocides, of the innocuous certainties of the virgin Fates and of the Bible which, you will admit, a wise man will distrust.—Nothing memorable!

Mouvement

Le mouvement de lacet sur la berge des chutes du fleuve,
Le gouffre à l'étambot,
La célérité de la rampe,
L'énorme passade du courant
Mènent par les lumières inouïes
Et la nouveauté chimique
Les voyageurs entourés des trombes du val
Et du strom.

Ce sont les conquérants du monde
Cherchant la fortune chimique personnelle;
Le sport et le confort voyagent avec eux;
Ils emmènent l'éducation
Des races, des classes et des bêtes, sur ce vaisseau.
Repos et vertige
À la lumière diluvienne,
Aux terribles soirs d'étude.

Car de la causerie parmi les appareils,—le sang, les fleurs, le feu,
    les bijoux—
Des comptes agités à ce bord fuyard,
—On voit, roulant comme une digue au-delà de la route
    hydraulique motrice,
Monstrueux, s'éclairant sans fin,—leur stock d'études;
Eux chassés dans l'extase harmonique,
Et l'héroïsme de la découverte.

Aux accidents atmosphériques les plus surprenants,
Un couple de jeunesse s'isole sur l'arche,
—Est-ce ancienne sauvagerie qu'on pardonne?—
Et chante et se poste.

Movement

The swaying motion on the banks at the rapids,
An abyss astern,
Speed of the incline,
Dizzying rush of the current,
Unimaginable lights
And chemical innovation
The travelers surrounded by waterspouts of the valley
And of the whirlpool.

These are the conquerors of the world
Seeking personal chemical fortunes;
Sports and comforts travel with them;
They bring aboard the education
Of races, classes, beasts
Repose and vertigo
By diluvial light,
Terrible nights of study.

From the jabber amidst machines, blood, flowers, fire and jewels,
From stormy calculations aboard this runaway ship,
— You can see, rolling like a dike beyond the hydraulic road,
Monstrous, endlessly alight,—their stock of studies;
People driven to harmonic ecstasy
And heroic discovery.

Amidst the most amazing atmospheric mishaps,
A young couple stands alone exposed to the elements,
 —Can immemorial savagery be forgiven?—
And sings and keeps watch.

Bottom

La réalité étant trop épineuse pour mon grand caractère,—je me trouvai néanmoins chez ma dame, en gros oiseau gris-bleu s'essorant vers les moulures du plafond et traînant l'aile dans les ombres de la soirée.

Je fus, au pied du baldaquin supportant ses bijoux adorés et ses chefs-d'œuvre physiques, un gros ours aux gencives violettes et au poil chenu de chagrin, les yeux aux cristaux et aux argents des consoles.

Tout se fait ombre et aquarium ardent.

Au matin,—aube de juin batailleuse,—je courus aux champs, âne, claironnant et brandissant mon grief, jusqu'à ce que les Sabines de la banlieue vinrent se jeter à mon poitrail.

Bottom

Reality being just too thorny for my supernal nature,—I was nevertheless, at my lady's house, transformed into a blue-gray bird of prey soaring up to the ceiling and dragging one wing through the shadows of evening.

Underneath the magnificent canopy overhanging her beloved jewels and carnal masterpieces, I became a great bear with violet gums and fur turned gray with grief, eyes shining like cut glass and silver.

Everything became shadow and blazing aquarium.

Come morning,—combative midsummer dawn,—I was an ass running through fields, trumpeting and brandishing my grievance until suburban Sabines flung themselves onto my breast.

H

Toutes les monstruosités violent les gestes atroces d'Hortense. Sa solitude est la mécanique érotique; sa lassitude, la dynamique amoureuse. Sous la surveillance d'une enfance, elle a été, à des époques nombreuses, l'ardente hygiène des races. Sa porte est ouverte à la misère. Là, la moralité des êtres actuels se décorpore en sa passion ou en son action.—Ô terrible frisson des amours novices sur le sol sanglant et par l'hydrogène clarteux! trouvez Hortense.

H

Monstrosities desecrate the atrocities of Hortense. Her solitude is an erotic machine; her lassitude, an amorous dynamic. In the custody of childhood, she has been, for ages and ages, the zealous hygiene of many races. Her door is always open to misery. Once inside, the morals of real people disappear into her passion and technique.—O terrible thrill of new loves on the bloodstained earth, in the vivid hydrogen! find Hortense.

Dévotion

À ma sœur Louise Vanaen de Voringhem:—Sa cornette bleue tournée à la mer du Nord.—Pour les naufragés.

À ma sœur Léonie Aubois d'Ashby. Baou!—l'herbe d'été bourdonnante et puante.—Pour la fièvre des mères et des enfants.

À Lulu,—démon—qui a conservé un goût pour les oratoires du temps des Amies et de son éducation incomplète. Pour les hommes. À madame***.

À l'adolescent que je fus. À ce saint vieillard, ermitage ou mission.

À l'esprit des pauvres. Et à un très haut clergé.

Aussi bien à tout culte en telle place de culte mémoriale et parmi tels événements qu'il faille se rendre, suivant les aspirations du moment ou bien notre propre vice sérieux.

Ce soir à Circeto des hautes glaces, grasse comme le poisson, et enluminée comme les dix mois de la nuit rouge—(son cœur ambre et spunk),—pour ma seule prière muette comme ces régions de nuit et précédant des bravoures plus violentes que ce chaos polaire.

À tout prix et avec tous les airs, même dans les voyages métaphysiques.—Mais plus *alors*.

Devotion

To my sister Louise Vanaen de Voringhem:—Her blue coif turned toward the North Sea.—For the shipwrecked.

To my sister Leonie Aubois d'Ashby. Woof!—the summer grass buzzing and stinking.—For the fever of mothers and of their children.

To Lulu,—hellion—who continues to love the chapels of her childhood and of her bad education. For mankind.—To Madame ***.

To the adolescent I was. To the saintly dotard, hermitage or mission.

To the souls of the poor. And to the exalted clergy.

Furthermore, to every cult in their cultish places and in every instance of their tragic capitulations, driven by momentary dreams and our own corruption.

Tonight, to Circeto of the towering mirrors, fat as fish, flushed like ten long months of red-hot nights—(her heart amber and gizm),—for my last prayer as silent as the regions of night and of my childish exploits more violent than this polar chaos.

At any price and in all weathers, even in metaphysical voyages.—But never *again*.

Démocratie

"Le drapeau va au paysage immonde, et notre patois étouffe le tambour.

"Aux centres nous alimenterons la plus cynique prostitution. Nous massacrerons les révoltes logiques.

"Aux pays poivrés et détrempés!—au service des plus monstrueuses exploitations industrielles ou militaires.

"Au revoir ici, n'importe où. Conscrits du bon vouloir, nous aurons la philosophie féroce; ignorants pour la science, roués pour le confort; la crevaison pour le monde qui va. C'est la vraie marche. En avant, route!"

Democracy

"The flag this filthy landscape so deserves, and our slang words muffle the drum.

"In the provincial capitals we shall nurture the most cynical prostitution. We shall make mincemeat of logical revolts.

"Onward to the spicy monsoon lands!—in the service of horrific industrial and military exploitation.

"Until we meet again here, no matter where. Conscripts of the best intentions, we shall implement our ferocious ideology; scientifically ignorant, cunning in pleasure; fuck the rest of the world. Here's real progress. Forward march!"

Fairy

Pour Hélène se conjurèrent les sèves ornementales dans les ombres vierges et les clartés impassibles dans le silence astral. L'ardeur de l'été fut confiée à des oiseaux muets et l'indolence requise à une barque de deuils sans prix par des anses d'amours morts et de parfums affaissés.

Après le moment de l'air des bûcheronnes à la rumeur du torrent sous la ruine des bois, de la sonnerie des bestiaux à l'écho des vals, et des cris des steppes.

Pour l'enfance d'Hélène frissonnèrent les fourrés et les ombres, et le sein des pauvres, et les légendes du ciel.

Et ses yeux et sa danse supérieurs encore aux éclats précieux, aux influences froides, au plaisir du décor et de l'heure uniques.

Fairy

It was for Helene that the ornamental saps conspired in virginal shadow and the impassive lights in stellar silence. Summer's ardor was entrusted to voiceless songbirds and to the indolence appertaining to a lavish mourning barge as it moved from cove to cove of dead loves and shipwrecked perfumes.

Aftermath of a song the wives of woodsmen sang in the ruined woods to the tune of waterfalls, aftermath of cowbells echoing through valleys and of the shrieking steppes.

It was for Helene's childhood that the shadows and thickets shivered, and for the bosoms of the poor, and for the fairy-tales of heaven.

And her eyes and her dancing ever more excellent than jeweled lightning, than icy weather, than all the pleasures of this peerless place and hour.

Guerre

Enfant, certains ciels ont affiné mon optique: tous les caractères nuancèrent ma physionomie. Les phénomènes s'émurent.—À présent, l'inflexion éternelle des moments et l'infini des mathématiques me chassent par ce monde où je subis tous les succès civils, respecté de l'enfance étrange et des affections énormes.—Je songe à une guerre, de droit ou de force, de logique bien imprévue.

C'est aussi simple qu'une phrase musicale.

War

When I was a child, specific skies refined my vision: their natures nuanced my small face. Phenomena were aroused. And now, the eternal inflection of moments and the infinity of numbers hunt me through this world where I am publicly popular, idolized by strange children and imponderable affections. I dream of a war, of righteousness or power, of unprecedented logic.

It's as simple as a musical phrase.

Génie

Il est l'affection et le présent puisqu'il a fait la maison ouverte à l'hiver écumeux et à la rumeur de l'été, lui qui a purifié les boissons et les aliments, lui qui est le charme des lieux fuyants et le délice surhumain des stations. Il est l'affection et l'avenir, la force et l'amour que nous, debout dans les rages et les ennuis, nous voyons passer dans le ciel de tempête et les drapeaux d'extase.

Il est l'amour, mesure parfaite et réinventée, raison merveilleuse et imprévue, et l'éternité: machine aimée des qualités fatales. Nous avons tous eu l'épouvante de sa concession et de la nôtre: ô jouissance de notre santé, élan de nos facultés, affection égoïste et passion pour lui, lui qui nous aime pour sa vie infinie…

Et nous nous le rappelons et il voyage… Et si l'Adoration s'en va, sonne, sa promesse sonne: "Arrière ces superstitions, ces anciens corps, ces ménages et ces âges. C'est cette époque-ci qui a sombré!"

Il ne s'en ira pas, il ne redescendra pas d'un ciel, il n'accomplira pas la rédemption des colères de femmes et des gaîtés des hommes et de tout ce péché: car c'est fait, lui étant, et étant aimé.

Ô ses souffles, ses têtes, ses courses: la terrible célérité de la perfection des formes et de l'action!

Ô fécondité de l'esprit et immensité de l'univers!

Son corps! le dégagement rêvé, le brisement de la grâce croisée de violence nouvelle!

Sa vue, sa vue! tous les agenouillages anciens et les peines *relevés* à sa suite.

Son jour! l'abolition de toutes souffrances sonores et mouvantes dans la musique plus intense.

Son pas! les migrations plus énormes que les anciennes invasions.

Ô Lui et nous! l'orgueil plus bienveillant que les charités perdues.

Ô monde! et le chant clair des malheurs nouveaux!

Il nous a connus tous et nous a tous aimés. Sachons, cette nuit d'hiver, de cap en cap, du pôle tumultueux au château, de la foule à la plage, de regards en regards, forces et sentiments las, le héler et le voir, et le renvoyer, et, sous les marées et au haut des déserts de neige, suivre ses vues, ses souffles, son corps, son jour.

Genie

He is affection and the Now because he's opened the house to frothy winter and to the chirring of summer, he who has sanctified food and drink, he who is the charm of the fleeting places and the superhuman pleasures of stillness. He is affection and the future, the power and love that we, captives of our angers and ennui, watch as they go by in storm clouds and in flags of ecstasy.

He is love, perfect and remade measure, marvelous, unprecedented reason, and eternity: beloved machinery of fates. All of us have known the terrors of his surrender and our own: O bliss of good health, onrush of senses, selfish affection and passion for him, he who loves us for all his endless life...

We remember him, and off he goes... And if the Adoration goes, resounds, his promise resounds: "Begone these superstitions, walking corpses, households, ages. It is our epoch itself that's sunk!"

He will not go away, he will not leave his heaven, he need not sanctify the outrage of women, the gaiety of men, and all sinners: it's done already, because he exists, because we love him.

O his breath, his brains, his speed: astonishing speed of shape and act!

O fecundity of the spirit and immensity of the cosmos!

His body! liberation long-sought, shattering grace of new violence!

Behold him, behold him! genuflections and penances *disappear* where he goes.

His day! the abolition of agony set to music more intense than agony.

His step! migrations more enormous than the hordes of antiquity.

O He and we! pride more benevolent than occult charity.

O world! and the clarion song of new sorrows!

He's known us all and loved us all. This winter's night, from cape to cape, from tumultuous pole to castle-keep, from the man-swarm to the deserted beaches, from glances to glances, powers and pale sentiments, teach us to hail him and to see him, teach us to send him away, and, beneath the waves and atop the wastelands of snow, teach us to follow him, his breath, his body, his day.

Jeunesse

I
Dimanche

Les calculs de côté, l'inévitable descente du ciel et la visite des souvenirs et la séance des rhythmes occupent la demeure, la tête et le monde de l'esprit.

—Un cheval détale sur le turf suburbain et le long des cultures et des boisements, percé par la peste carbonique. Une misérable femme de drame, quelque part dans le monde, soupire après des abandons improbables. Les desperadoes languissent après l'orage, l'ivresse et les blessures. De petits enfants étouffent des malédictions le long des rivières.

Reprenons l'étude au bruit de l'œuvre dévorante qui se rassemble et remonte dans les masses.

II
Sonnet

Homme de constitution ordinaire, la chair n'était-elle pas un fruit pendu dans le verger; ô journées enfantes! le corps un trésor à prodiguer; ô aimer, le péril ou la force de Psyché? La terre avait des versants fertiles en princes et en artistes, et la descendance et la race nous poussaient aux crimes et aux deuils: le monde, votre fortune et votre péril. Mais à présent, ce labeur comblé, toi, tes calculs, toi, tes impatiences ne sont plus que votre danse et votre voix, non fixées et point forcées, quoique d'un double événement d'invention et de succès une raison,
en l'humanité fraternelle et discrète par l'univers, sans images;—la force et le droit réfléchissent la danse et la voix à présent seulement appréciées…

Youth

I
Sunday

Homework done, comes the inevitable descent from heaven and the
visit with memories, and a chamber music fills the rooms and my head
and all my soul.

A pony, stricken with plague, bolts and runs across suburban
lawns and little gardens and woodlots. A hag, cut loose from a theater
somewhere, sighs over non-existent lost loves. Desperadoes languish
for want of rapine, drunkenness and bloodshed. Little children whisper
obscenities on the towpath.

In the noise of mob incitement and insatiable labors, let us resume
our studies now.

II
Sonnet

Man of ordinary build, was not your flesh an apple once,
hanging in the orchard? O childhood days! your prodigal body
was a treasure to squander; O to love, the peril or the power
of Psyche? Hillsides then were all the earth and teeming with
artists and princelings, and bloodlines and race drove us to crime
and grief: the world, your very good luck and your peril too.
But nowadays, all labors done, you, your calculus, you, your fits
of rage are nothing more than a little song and dance, nothing
permanent, nothing important, nevertheless reason enough and
twice-over for invention and successfulness in brotherly love and
the tender humanness of a universe purged of images; justice and
power, a little song and dance, beloved only now.

III
Vingt ans

Les voix instructives exilées … L'ingénuité physique amèrement rassise … Adagio. Ah! l'égoïsme infini de l'adolescence, l'optimisme studieux: que le monde était plein de fleurs cet été! Les airs et les formes mourant … Un chœur, pour calmer l'impuissance et l'absence! Un chœur de verres de mélodies nocturnes … En effet les nerfs vont vite chasser.

IV

Tu es encore à la tentation d'Antoine. L'ébat du zèle écourté, les tics d'orgueil puéril, l'affaiblissement et l'effroi. Mais tu te mettras à ce travail: toutes les possibilités harmoniques et architecturales s'émouvront autour de ton siège. Des êtres parfaits, imprévus, s'offriront à tes expériences. Dans tes environs affluera rêveusement la curiosité d'anciennes foules et de luxes oisifs. Ta mémoire et tes sens ne seront que la nourriture de ton impulsion créatrice. Quant au monde, quand tu sortiras, que sera-t-il devenu? En tout cas, rien des apparences actuelles.

III
Twenty years old

The teachers' voices gone into exile … Bodily candors bitter and stale … Adagio. Ah! the infinite vanity of adolescence, the studious optimism: how full of flowers was the world that summer! Dying songs, vanishing shapes … A choir to banish impotence and absence! A choir of cups of night music … My nerves are shot.

IV

You're still stuck in the temptation of St. Anthony. The frolic of an interrupted fuck, your spastic puerile pride, the terrors and tremors. And yet you *will* take up the task: all the harmonic and architectural possibilities will rise around you. Immaculate, unforeseen creatures will lay themselves down for your new pleasure. Wherever you stand, you stand inside a dream of ancient crowds and idle luxuries. Your memory and your five senses will be nothing but fuel for your creative impulse. And as for the world, once you have left it, what is it? Nothing like now.

Solde

À vendre ce que les Juifs n'ont pas vendu, ce que noblesse ni crime n'ont goûté, ce qu'ignorent l'amour maudit et la probité infernale des masses; ce que le temps ni la science n'ont pas à reconnaître:

Les voix reconstituées; l'éveil fraternel de toutes les énergies chorales et orchestrales et leurs applications instantanées; l'occasion, unique, de dégager nos sens!

À vendre les corps sans prix, hors de toute race, de tout monde, de tout sexe, de toute descendance! Les richesses jaillissant à chaque démarche! Solde de diamants sans contrôle!

À vendre l'anarchie pour les masses; la satisfaction irrépressible pour les amateurs supérieurs; la mort atroce pour les fidèles et les amants!

À vendre les habitations et les migrations, sports, féeries et conforts parfaits, et le bruit, le mouvement et l'avenir qu'ils font!

À vendre les applications de calcul et les sauts d'harmonie inouïs. Les trouvailles et les termes non soupçonnés, possession immédiate.

Élan insensé et infini aux splendeurs invisibles, aux délices insensibles, et ses secrets affolants pour chaque vice et sa gaîté effrayante pour la foule.

À vendre les corps, les voix, l'immense opulence inquestionable, ce qu'on ne vendra jamais. Les vendeurs ne sont pas à bout de solde! Les voyageurs n'ont pas à rendre leur commission de sitôt!

Going Out of Business

On sale: whatever the Jews have not yet sold, what neither nobility nor crime has ever tasted, what hellish love and the infernal probity of the mob have overlooked, what neither time nor science can afford to know:

Voices gathered again; the brotherly reveille of choral and orchestral energies and their immediate usefulness; the liberating, unique, sensual Now!

On sale: priceless bodies, transcending race and world and sex and descent! Treasures leaping out of the earth! Uncontrollable wholesale of diamonds!

On sale: anarchy for the mob; irrepressible satisfaction for superior amateurs; unspeakable death for the faithful and the lovers!

On sale: colonies and emigrations, sporting events, fairylands and flawless comforts, and all the noise and motion and future they entail!

On sale: the use of numbers and the amazing somersaults of harmony. Unsuspected vocabularies and revelations, immediate possession.

Crazy infinite transport to invisible splendors and wild delights, occult frenzy for every corruption, and panic in the streets.

On sale: the bodies, the voices, the immense, unquestionable opulence, things never to be sold. The stores are not going out of business, not quite yet! The salesmen still have time!

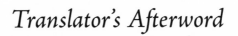

Translator's Afterword

Like Christ, the poet of the future must put an end to
the soul's *season in hell* by saying no to the law.
—Yves Bonnefoy

Nietzsche once avowed that Jesus of Nazareth was the very last
Christian. I believe him. And onto his avowal I append a further
belief: Rimbaud is the next. Our Lord proclaimed the gospel of
hope—hope freely available and already taking wing towards
God's futurity. Salvation entrusts itself to wings. Our poet, in *The
Illuminations*, propounds a further gospel. It is happiness, freely
available on the farther side of our humanity (for "humanity" read
"hell"), a second Eden where God has graciously disappeared into His
pleasure. Salvation entrusts itself to catastrophe. The gospel of hope,
an imagination of the future, delights in community. Humanness
is, after all, a little portion shared. But the gospel of happiness, an
imagination of immediacy (in immediacy is the obsolescence of
imagination), delights in itself all alone. On the far side of catastrophe,
there is no one left, not even oneself, and no need to apportion
anything. If ever Rimbaud had a secret forebear—apart, of course,
from Jesus Christ—it surely was Marvell. "Two paradises 'twere in
one/To live in paradise alone." Hope is one heaven. Happiness is an
uncontrollable birth of heavens. And that is where *The Illuminations*
begins. A hare in the aftermath of absolute deluge prays, through a
spider's web, to the rainbow that has outlived God's broken promise.
The rainbow has survived itself, therefore, and promises are now as
obsolete as God and as humanity. Happiness is free to be happiness
alone, unbequeathed by divinity, unguarded by Adams or by Eves.
And that is where *The Illuminations* stays.

It seems to me we barely notice the strangeness of Rimbaud's
vision of the world ...
—Julien Gracq

Nothing is stranger than happiness: an Absolute without an etiology. Rimbaud is only strange, only damned, only tormented, only squalid until we read him, and when we read him, the Absolutism of the poems is so unabashed as to be unnoticeable. Why and how? Because their circumstances are so truly plain, their voice so matter-of-fact. The world has ended. Humanity has been abolished. The voice we hear is the still aftermath of all that can be said, the wordless orison of a hare. Rimbaud predicts it baldly, in "Childhood"—"Where I'm going, it can only be the end of the world." *The Illuminations*, in terrible yet tranquil independence, fulfills absolutely (and we are, aren't we, strangers to fulfillment) the prophecy of itself. This book deploys and details all that is wonderfully possible once everything is gone. And then everything is gone. What remains is happiness, a superlative condition afloat, a cloud of unknowing in a crystalline sky. Beneath that sky, what Julien Gracq goes on to call "a population of nettles or asphodels" choirs and thrives. Rimbaud entrusted himself to catastrophe early and without reservation. Catastrophe rewarded the trust with a complete simplicity costing only everything and, therefore, in the unrecognizable simplicity of salvation, priceless and free. Of course Rimbaud became a salesman. Marketing is child's play when there's nothing left to sell.

> There is no more need for a history of the soul, for error in the past or redemption in the future, for a God who will or will not deign to come down from His heaven; it is in the profundity of the instant that man will rediscover his immanent divinity…
> —Yves Bonnefoy

Rimbaud disappears from poetry into divinity. And by that I do not mean "authority" or "immortality"—of his darling catastrophe, there *was* no survivor. No…by "divinity" I mean the incommunicable perfection of one who becomes messiah to himself. *The Illuminations* documents a Passion not of sacrifice or surrender, but of a complete and completed disinterestedness. At the end of that Passion, on a shop-worn Golgotha, passion goes out of business once and for all. And then divinity crowns itself—where or how we cannot hope to know—with the immaterial diadem of absolute modernity.

The epigraphs are from Yves Bonnefoy, *Rimbaud*, trans. Paul Schmidt (New York: Harper & Row, 1973), and Julien Gracq, *Reading Writing*, trans. Jeanine Herman (New York: Turtle Point Press, 2006).

Index of French Titles

Index of English Titles

François Camoin

Donald Revell is Professor of English and Director of Creative Writing programs at the University of Nevada-Las Vegas. Winner of the PEN USA Translation Award for his translation of Rimbaud's *A Season in Hell* and two time winner of the PEN USA Award for Poetry, he has also won the Academy of American Poets Lenore Marshall Prize and is a former fellow of the Ingram Merrill and Guggenheim Foundations. Additionally, he has twice been granted fellowships in poetry from the National Endowment for the Arts. Former editor-in-chief of *Denver Quarterly*, he now serves as poetry editor of *Colorado Review*. Revell lives in the desert south of Las Vegas with his wife, poet Claudia Keelan, and their children Benjamin Brecht and Lucie Ming.